MÉTHODE

PRATIQUE ET SIMULTANÉE

DE LECTURE, D'ÉCRITURE

ET

D'ORTHOGRAPHE

PAR MM.

MOLLIARD

Agrégé de l'Université,
Sous-préfet des études à Sainte-Barbe
des Champs.

HINARD

Officier en retraite.

Ouvrage adopté par Sainte-Barbe

PREMIÈRE PARTIE

PREMIER LIVRET

CONTENANT

1° PREMIÈRES LEÇONS DE LECTURE ÉLÉMENTAIRE
2° PREMIERS EXERCICES D'ORTHOGRAPHE ORALE — 3° PREMIERS
MODÈLES D'ÉCRITURE (ALPHABET)

PARIS

DEZOBRY, E. MAGDELEINE ET Cie, LIB.-ÉDITEURS

RUE DES-ÉCOLES, 78

(Près du Musée de Cluny et de la Sorbonne)

1861

*Tout exemplaire non revêtu de notre griffe sera réputé
contrefait.*

1, c. Wezoby, E. Magdeleine & cie

CORBEIL, typographie et stéréotypie de CRÉTÉ.

PREMIÈRE LEÇON.

VOYELLES.

a e i o u y (y comme i)

EXERCICE PRATIQUE.

1° Montrer une des lettres de l'exercice, la faire nommer par l'élève.

2° Nommer une lettre, la faire chercher.

o i u e a y e a u y i o

y a o i u e u a y i o e

u y a o i o e y a u e i

CONSONNES.

Voir le livre du maître, pour le mode d'appellation des consonnes (1ʳᵉ leçon p. 10).

Faire apprendre les consonnes, groupe par groupe. Ne passer à l'étude du deuxième groupe, que lorsque le premier est bien connu. Puis, faire chercher les consonnes dans l'exercice pratique, où elles sont mêlées aux voyelles.

1° b c d f   2° g j k l

3° m n p q   4° r s t v

5° x z h

Ne pas insister sur le nom de la lettre *h*. La faire articuler par une aspiration seulement.

EXERCICE PRATIQUE.

1° Montrer, dans un ordre arbitraire, les lettres de l'exercice. L'élève en dit le nom.

2° Le maître nomme une des lettres de l'exercice ; l'élève répond rapidement : *voyelle* ou *consonne*.

c r b s d f v t l j x k
g z q m n p l v t x b s
d f c r p n m q k g j z
u d k i r t a y z e c j
v o l y c b u x v a q o
e t u b a k m p o x y e
n u r h i f n m v e s a

ACCENTS.

Voir le livre du maître sur les procédés à suivre, pour enseigner à l'élève le son et la forme des accents.

Faire observer que l'accent circonflexe est formé de la réunion des deux autres aigu et grave (´`).

aigu (´)   *grave* (`)   *circonflexe* (^)

é   è   ê

a â o ô i î u û

EXERCICE PRATIQUE.

1° Montrer une des lettres de l'exercice ; la faire prononcer avec le son particulier que lui donne l'accent.

2° Nommer une lettre, la faire montrer. — Exiger une prononciation exacte des voyelles accentuées ou non.

ô è î û e â è é ê à

i â u î o a a é â è

MODÈLE D'ÉCRITURE.

Dès que l'élève vient en classe, il doit être exercé à imiter les lettres sur le tableau d'abord, puis sur l'ardoise ou le papier réglé. On se servira des modèles du Livret, quand l'enfant se sera exercé à écrire au tableau. Ne pas donner de modèle d'écriture *en gros*, que la petite main de l'enfant imite difficilement.

ÉLÉMENTS.

DEUXIÈME LEÇON.

ba be bi bo bu

b c d f g j l m n p r s t v x z

a e i o u y

NOTE GÉNÉRALE.

1° Exercer les élèves à former, avec les consonnes et les voyelles simples ou doubles, les groupes élémentaires de la leçon ; — 2° les élèves liront dans un ordre arbitraire, pour éviter la routine, ces groupes élémentaires. Ils devront pouvoir — *les nommer, si le maître les montre,* — *les montrer au tableau, ou en indiquer l'orthographe, sans regarder le Tableau, si le maître les nomme* ; — 3° ils liront ensuite les mots de l'exercice pratique du Tableau, puis du Livret, et, s'ils hésitent sur une syllabe, on la leur montrera dans le tableau des groupes élémentaires.

Quand la lecture de l'exercice pratique du Tableau et du Livret sera bien assurée, on passera à la lecture courante du Livret. — Quand l'orthographe des groupes élémentaires et des mots les plus faciles seulement de l'exercice pratique sera, sans erreur, indiquée de vive voix, on passera à la lecture du tableau suivant.

GROUPES ÉLÉMENTAIRES.

Faire lire comme les autres les syllabes *ka, ke, ki, ku,* ne pas interroger sur l'épellation ni sur l'orthographe de ces syllabes.

ba da fa ga ja *ka* la ma na

pa ra sa ta va xa za be dé

fè *ke* lè me ne pe re sè tê

vè xé ze bi di fi *ki* li mi

ni pi ri si ti vi xi zi bo

do fo go jo lo mo no po ro

so to vo zo bu du fu gu ju

ku lu mu nu pu ru su tu vu

zu

ca co cu

ça ço çu

Faire remarquer la forme et la place de la cédille, en indiquer l'usage, et la faire dessiner sur le tableau.

EXERCICE PRATIQUE.

Faire nommer les voyelles et les consonnes de quelques mots de l'exercice pratique.

La consonne se prononce avec la voyelle qui la suit.

e muet final ne se prononce presque pas.

la cure la dame le reçu le juré le père

la mère la rixe la salade une école
la façade la rafale la pureté la pilule
la maxime la localité la capitale la
majorité le macaroni la caravane le
calorifère la caricature.

ce ci ge gi que qui gue gui

c et *g* devant *e* et *i* s'adoucissent et se prononcent *ce*, *ge*.
Faire remarquer que pour obtenir la prononciation dure
des consonnes *c* et *g* devant *e* ou *i*, il faut employer les groupes *g u q u*, et dire qu'après la lettre *g* il y a toujours un *u*,
Dans *gue*, *gui*, *que*, *qui*, la voyelle *u* ne s'entend pas.

le comice la noce la cène la malice
le bénéfice la pique une équivoque
la requête la bicoque la toque la
tunique le juge la générale la rigidité
le ravage je végète le bagage le
parage la bague le délégué la figue
la digue le gué la vague la vogue.

Prononcez, comme s'il n'y avait pas d'apostrophe ('), les
syllabes

l'a l'e l'i l'o l'u j'a j'e j'o j'u
d'a d'e d'i d'o d'u qu'u

l'âme l'ébène l'été l'idole l'opéra l'utilité d'une qu'une j'écume j'opère je m'imagine j'amène j'agite j'égale j'abîme j'épilogue.

MAJUSCULES.

1° Majuscules dont la forme se rapproche des minuscules.

iI oO uU yY cC fF

jJ kK mM nN pP sS

vV xX yY zZ

2° Majuscules dont la forme diffère de celle des minuscules. Ne passer à ce dernier groupe que lorsque les lettres du premier groupe seront bien connues.

aA eE bB dD

gG hH lL qQ rR tT

Une fois les lettres du second groupe connues, exercer les élèves à reconnaître toutes les majuscules. — En *montrer* une par hasard, la faire *chercher*. — Les *montrer* dans un ordre arbitraire, les faire *nommer*. — L'élève n'écrira pas les majuscules.

Apprendre aux élèves ce que c'est qu'un *nom*. (Voir le livre du maître pour les procédés à suivre, p. 26.)

1.

LECTURE COURANTE.

L'élève devra étudier, à sa place, la lecture courante et le paragraphe récapitulatif, qui ne sont formés que d'éléments connus.

On n'interrogera jamais sur l'orthographe des mots qui forment les lectures courantes ou les paragraphes récapitulatifs. Ces mots sont placés ici pour les exigences de la lecture.

l'élève sage, docile, zélé sera mené à la fête.

émile a vu le canari que la petite hélène a reçu de sa mère.

jérôme a bu du café moka : jérôme a été malade.

une guêpe a piqué maxime à la figure.

la colère égare : évite la colère.

vénère ta mère. honore le père qui t'a élevé.

étudie à l'école.

MOTS RÉCAPITULATIFS.

fixé juge légume déjà gâté joli gobé guide gîte guérite générale quête la cène lyre moka rue vie l'habileté j'adore zèle.

REMARQUES ORTHOGRAPHIQUES.

Ces renseignements seront donnés à l'élève, aussitôt qu'il

lira sans hésitation les mots de l'exercice pratique de chaque leçon, et que l'on s'occupera d'orthographe orale. (Les exceptions à ces règles seront copiées par l'élève au cahier n° 2, quand il aura épuisé les modèles d'écriture du cahier n° 1. Le maître se gardera bien de les signaler ici à l'élève.)

La syllabe qui se prononce ge, gé, gè, s'écrit par un g : rage, générale, ménagère.

On ne met jamais un j devant i, on écrit gi : girafe.

L'articulation ka, ko, ku, s'écrit par c : ca, co, cu.

La syllabe qui se prononce ke, ki, s'écrit que, qui (il y a toujours un u après q : cet u ne se prononce pas) : logique, la quête.

cui, cué. Si u s'entend après l'articulation ke, on met c (et non q) avant u : vacuité, évacué.

On écrit toujours par c les finales acité, icité : ténacité, modicité.

Ces différentes nuances orthographiques sont classées au 3e livret en modèles élémentaires. L'élève les copiera plus tard.

MODÈLE D'ÉCRITURE.

ÉLÉMENTS.

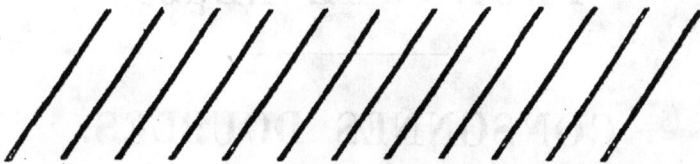

PREMIER GROUPE.

Les lettres sont groupées par analogie de formes. Suivre l'ordre indiqué, et ne passer à une nouvelle série de lettres que lorsque l'élève aura convenablement imité la série précédente.

i u t î m n p û r v z

i u t î m n p û r ou *x v z*

Les queues dépassent la lettre d'une longueur et demie;

t et *p* dépassent la lettre d'une demi-longueur par le haut.

Quand l'élève sait former ses lettres, le maître *les dicte* dans un ordre arbitraire, sur le tableau d'abord, puis sur l'ardoise ou le papier réglé.

TROISIÈME LEÇON.

CONSONNES DOUBLES.

Faire remarquer que ces consonnes doubles sont formées d'une consonne *suivie* de *l* ou de *r* (1).

On séparera, dans l'épellation, les deux consonnes qui forment les groupes suivants :

---

(1) Remarque importante pour la séparation des syllabes. Ex. : Dans *perte*, r et t appartiennent à deux syllabes *séparées* : r est *avant* t. — Dans *pâtre*, *t* et *r* appartiennent à la même syllabe : t est *avant* r.

bl cl fl gl pl

br cr fr gr pr dr tr vr

On ne séparera pas dans l'épellation préliminaire les groupes :

ch gn

Les élèves feront passer chacune des voyelles :

a e é è i o u

après les groupes élémentaires de la leçon, et diront :

b l a bla   f r a fra   ch a cha   gn o gno.

Se conformer aux recommandations générales de la note placée à la deuxième leçon, p. 6.

GROUPES ÉLÉMENTAIRES.

La consonne double, comme la consonne simple, se prononce avec la voyelle qui la suit, et fait syllabe avec elle.

bl a bra cla cra fla fra gla

gra pla pra dra tra vra ble

bre cle cre fle fre gle gre

ple pre dre tre vre bli bri

cli cri fli fri gli gri pli

pri dri tri vri blo bro clo

cro flo fro glo gro plo pro

dro tro vro blu bru clu cru

flu fru glu gru plu pru dru

tru vru

cha che chi cho chu

gna gne gni gno gnu

EXERCICE PRATIQUE.

la brique le nègre la règle le sable la
crème la flûte la cravate la propreté
la défroque le plumage le prodigue le
prodige la réclame la planète le pré-
lude le fromage la critique la brigade
la frugalité le patronage le diplomate
le sacrilége la sublimité la proximité
la chèvre la chute le fichu la chicane
la coqueluche le règne la signature la
dignité une égratignure le vignoble la
ligne.

sb sc st scr str sque

Faire passer les voyelles *a, e, i, o, u,* après les groupes qui précèdent.

Pour prononcer la consonne sifflante *s,* au commencement d'un mot, avant une consonne, l'élève fera un léger sifflement qu'il devra lier à la syllabe suivante.

le scri be la spatu le la sta tue sti pu lé sto ma chi que.

ia ié iè io ui iu

1° Faire passer, devant les groupes ci-dessus, chacune des consonnes :

b c d f g l m n p r s t v x z

et faire prononcer d'abord en deux, puis en une seule émission de voix, *bié, fio,* etc. (1).

Ne pas s'arrêter longtemps à cet exercice, puisque les élèves en connaissent parfaitement les éléments.

le dia cre la biè re la fui te la pio che la tui le le dia ble.

2° Faire passer les groupes *ia, ié, iè, io, ui,* après les consonnes doubles. L'émission de voix est généralement double : ainsi *brio* fait deux syllabes : *bri o.*

---

(1) *ia, ié, io,* peuvent d'ailleurs appartenir à des syllabes séparées : *a xi ome, ma ri a ge.* Ne pas s'occuper, en ce moment, de ces distinctions. (Voir le livre du maître, p. 31.)

bl cl fl gl pl
br cr fr gr pr dr vr tr

la prière le patriote la priorité le fluide le triage.

éa ua ué oé

Excepté dans les syllabes où il se prononce d'une seule émission de voix avec *i*, comme dans *ié*, l'*é* fermé se sépare de la voyelle qui le précède ou qui le suit, et ne forme jamais syllabe avec elle. De même, les voyelles qui se suivent, comme *ua*, *uo*, etc., et qu'on prononce en deux émissions de voix bien distinctes, appartiennent à deux syllabes séparées.

la créature la réalité la suavité salua remué poétique.

Rappeler aux élèves qu'après *c* on entend le son *u*, et qu'on ne l'entend pas après *q*.

une équivoque révoqué
cuite évacué

tha the thi tho thu

Faire remarquer que la lettre *h* ne se prononce pas dans ces syllabes. Ne pas interroger sur l'orthographe des mots suivants.

la bibliothèque la cathédrale le catholique la mythologie l'athlète.

Apprendre aux élèves les *genres*. (Voir le livre du maître pour les procédés à suivre, p. 33.)

LECTURE COURANTE.

notre digne curé achètera une jolie gravure à l'élève poli, zélé.

julie a prêté sa plume à sa petite camarade.

agathe a été la première de l'école.

évite le péché de la vanité.

celui qui pratiquera la charité sera honoré : imite celui qui pratique la charité.

amédée a jeté du sable à la figure de réné : réné a été malade.

MOTS RÉCAPITULATIFS.

gage bague girafe guigne cigale cygne équité cuivre j'évoque évacué charité stratagème diable l'huile scrupule fruitière scribe fiole quatre kilos parapluie taxe gaze.

REMARQUES ORTHOGRAPHIQUES.

Après *gn* on ne met jamais *i*, avant une autre voyelle (il n'est pas ici question des verbes) : *ligne, signe, croquignole.* Dans les exercices oraux sur l'orthographe, les élèves ne décomposent *ch* et *gn* en *c h* et *g n* que lorsqu'ils ont écrit ces groupes.

MODÈLE D'ÉCRITURE.

ÉLÉMENTS.

///////////

(éléments d'écriture cursive)

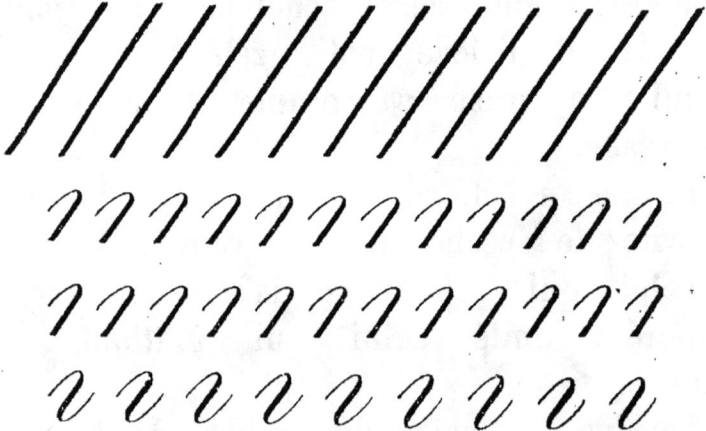

PREMIER GROUPE.

i u t î m   n p û r   v z

i u t î m n p û r ou *z v z*

Les queues dépassent la lettre d'une longueur et demie,

t et *p* dépassent la lettre d'une demi-longueur par le haut.

QUATRIÈME LEÇON.

ab   ac

a e i o u y — b c d f g l m n p
r s t v x z

GROUPES ÉLÉMENTAIRES.

Se conformer aux recommandations générales de la note placée à la deuxième leçon, p. 6.

ab	ad	af	al	ap	ar	as	at	ax
ib	id	if	il	ip	ir	is	it	ix
ob	od	of	ol	op	or	os	ot	ox
ub	ud	uf	ul	up	ur	us	ut	ux

On fera remarquer que le *c* et le *g*, prononcés avec la voyelle qui les précède, sont toujours durs.

ac ic oc uc ag ig og ug

e muet, qui fait syllabe avec la consonne qui le suit, se prononce *è*.

ec ef eg el ep er es ex ial ief iel

Prononcez :

èc èf èg èl èp èr ès ècs   ièf ièl

Associer les consonnes simples ou doubles, que nous re-produisons ici, avec les groupes qui précèdent.

b   c   d   f   g   j   l   m   n   p   q

r   s   t   v   x   —   bl   cl   fl   gl   pl

tl   br   cr   dr   fr   gr   pr   tr   vr

ch   gn   st   sp

Faire former aux élèves les groupes suivants :

buf	cap	dap	gaz	jas	mas	mat
nif	xil	rir	tis	mix	cof	vol
dop	los	sub	xal	ful	sup	tur
pus	but	bac	roc	fic	luc	feg
zig	sug	pel	rep	ver	tex	guir
quir	gnal	quel	blic	chas	clip	gres
char	gnar	cher	guer	gnac	froc	fric
stig	spec	stal.				

EXERCICE PRATIQUE.

le juif le grief le sac le soc le col le fiel
le bloc le général le cumul le captif la
chasteté le collègue la charge la dex-

té ri té le pres ti ge le cri mi nel le dro guis te
une as per ge une é nig me une es tra de la
po ter ne la dé tres se la cre vas se la cas-
se ro le la cros se la cuis se le spec tre la
struc tu re le busc le pré tex te la ré col te
la re mar que la gar ni tu re la cul tu re le
dé gel le ma nu el le scal pel la que rel le
la tru el le la sel le la mor tel le.

Faites remarquer que *les consonnes* c, f, l, r, *sont les seules qui se prononcent à la fin d'un mot.* Les autres consonnes finales ne se prononcent pas.—Toutes les consonnes se prononcent dans le corps des mots, comme dans les groupes élémentaires.

le re mords la per drix le re tard l'ex pert
le mar quis le cir cuit le re pos.

Lorsque les élèves liront sans hésitation les mots de l'exercice pratique, on leur fera remarquer que :

Quand deux consonnes se suivent, la première fait syllabe avec la voyelle qui précède.

et

et à la fin des mots se prononce *è* (la finale *jet* prend un *j*).

le re flet le pa quet le mu guet la lor gnet-
te la ra quet te la ba guet te la vio let te la

serviette la cachette la galette le jet le
projet le rejet le sujet le trajet objet.

les mes tes ces ses des

Pronon-
cez : lè mè tè cè sè dè

Faites remarquer que les syllabes *les, mes, tes, ces, ses, des*, sont toujours isolées, et qu'à la fin d'un mot elles restent muettes.

les piles mes lames tes pâtes ces forces
ses carrosses des brides.

er ier ez iez

A *la fin d'un mot*, *er, ez*, se prononcent *é*. (N'interrogez que sur l'orthographe de la finale *er*.)

Faire remarquer que *s*, signe du pluriel, ne change pas la prononciation des mots.

La lettre *i*, dans les finales *ier iez*, ne change rien à la prononciation de *er, ez ;* on articule donc : *ié*.

le cocher le clocher léger risquer par-
quer narguer chez épiloguez prospérez
espérez abrégez gagnez le fermier le
guerrier l'échiquier le baguier le char-
cutier le tablier forciez marquiez ga-
gniez voguiez voltigiez dirigiez.

ex

Au commencement des mots, *ex* se prononce *èg-z*, devant une voyelle. *e* a le son de *è* ouvert devant *x*, comme devant les autres consonnes.

exalté examiné exigible exécuté.

Apprendre aux élèves *les nombres* (singulier et pluriel). — Voir le livre du maître pour les procédés à suivre, p. 43.

LECTURE COURANTE.

Le merle siffle. Le perroquet parle. Le renard glapit.

L'agriculture est l'art de cultiver la terre.

Le lierre tapisse les murs; il forme une nappe de verdure.

Lorsque tu sortiras, tu fermeras la porte.

Sa page est mal écrite, il sera puni avec sévérité.

Si ta page est finie, essuie ta plume, mets-la de côté avec ta règle.

Évite la paresse : c'est le plus grave des vices.

MOTS RÉCAPITULATIFS.

les bergers vignette brochet équinoxial circuit pluriel herboriste les fermiers figure jury droguiste que j'élargisse théâtre spectacle estrade gigot calotte cherchez messe structure estafette élaguiez giroflée kilomètre exactitude.

REMARQUES ORTHOGRAPHIQUES.

acce. Si, après l'articulation dure *ac*, au commencement d'un mot, on entend *ce*, *cé*, on écrit par *cc* le groupe *acce*, *accé : accepter, accéder*.

el, elle. La terminaison *el* des noms masculins s'écrit par un *l*; au féminin, *l* se redouble. On écrit *mortelle* et non *mortele*, qui se prononcerait tout autrement que le masculin. (Voir livre du maître, p. 45, 46.)

esse, ette. Les mots dont la finale se prononce *esse, ette*, s'écrivent par *ss* ou *tt : messe, raquette*.

ac, ic, oc. Ces finales appartiennent aux noms masculins : *le bac, le pic, le roc*, etc. La terminaison *que* appartient aux noms féminins : *la pique*.

et. Les noms masculins qui se terminent par le son *è* s'écrivent par *et : le guet, le paquet*, etc.

er. Les noms masculins qui se terminent par le son *é* s'écrivent par *er : le berger*, etc. (de même pour les verbes à l'infinitif).

jet, jec. Ces groupes s'écrivent par *j : le projet, le projectile*.

ex, au commencement d'un mot, est suivi d'un *c*, quand on prononce *ccce* (et non *ègze*) devant *e* ou *i : exciter, excéder*.

MODÈLE D'ÉCRITURE.

Les queues dépassent la lettre d'une longueur et demie ;

t et *p* dépassent la lettre d'une demi-longueur par le haut.

PREMIER GROUPE.

i u t î m n p û r v z

i u t î m n p û r ou v z

DEUXIÈME GROUPE.

c o a q ô d x s â

c o a q ô d x s â

RÉCAPITULATION.

a c d i m n o p q r s t u v x z

CINQUIÈME LEÇON.

---

on

on a le son nasal, lorsque les deux lettres *o n*, qui composent ce groupe, font partie de la même syllabe.

Faire passer devant *on* toutes les consonnes simples et doubles, de manière à former les syllabes élémentaires ci-dessous :

b c ç d f g j l m n p r

2

s   t   v   x   z — bl   cl   fl   gl   pl

tl   br   cr   dr   fr   gr   pr   tr   vr

ch   gn

GROUPES ÉLÉMENTAIRES.

Se conformer aux recommandations de la note placée à la deuxième leçon, p. 6.

bon con çon don fon gon

geon fon lon mon non pon

ron son ton von zon ion

blon clon flon glon plon bron

cron dron fron gron pron tron

vron fonc jonc ponc cons mons

ch on   gn on

EXERCICE PRATIQUE.

Faire nommer les consonnes et les voyelles de quelques mots de l'exercice, et de même aux leçons suivantes.

le ton le monde le ponton le songe le consul la montre le violon la réunion le

lorgnon le dragon le flocon le subjonctif
le charbon le guignon le bronze le plongeon la religion il gronde le capuchon
je constate je ronfle le glaçon la leçon
la façon le limaçon le colimaçon le
buisson à l'unisson — mon ton son

om devant b ou p

Le son *on* s'écrit *om* devant *b* ou *p*.

une ombrelle la tombe le combustible
le trombone le plombage les décom-
bres les catacombes — une estompe le
pompier la compagne la pompe le comparatif le compatriote il complique.

tion

A la fin d'un mot, *tion* se prononce *cion*, dans les noms :
nation se prononce *nacion*.

la portion la destruction la spéculation
la jonction la superstition une exagéra-
tion la conspiration la déception la con-
fiscation la destitution une exaction
une objection.

un

On donne le son nasal à *un*, *um*, lorsque les deux lettres *u n*, *u m*, font partie de la même syllabe.

un alun brun chacun la défunte le lundi quelqu'un le tribun humble le parfum à jeun.

Placée entre deux voyelles, la lettre S se prononce Z.

la rose la crise la disette le cuisinier le tison la division la somptuosité la chose une explosion la chemise une exclusion la guérison la présomption la désignation.

Demander aux élèves quel son l'on aurait si, dans les mots précédents, on remplaçait *s* par *c* ou par *ss*.

Comparez le son de *s* dans :

la réponse la masse le Corse le torse le consul la conservation la consigne.

D. Pourquoi ne prononce-t-on pas *s* comme *z* dans *réponse, masse?* etc.

Remarque. Lorsque deux consonnes qui ne forment pas, comme *bl*, *fr*, *pr*, etc., un groupe inséparable, viennent après une syllabe nasale, la première de ces consonnes fait syllabe avec le groupe nasal qui précède :

conscrit constitution jonction présomption somptuosité.

Mais on sépare ainsi : com pri mer. (Voir le livre
du maître, p. 48.)

Interroger sur les notions grammaticales enseignées précédemment. — Apprendre aux élèves à distinguer le *nom
propre* et le *nom commun*. (Voir le Livre du maître, pour
les procédés à suivre, p. 51.)

LECTURE COURANTE.

Le lion rugit. La colombe gémit. Le cochon
grogne.

Simon est un petit garçon très-ponctuel;
remarquez de quelle manière il récite ses leçons. Il conjugue déjà le verbe être. Il a été le
premier de sa division, à la dernière composi-
tion.

Le petit Edmond est un poltron. On se mo-
que de lui : il n'ose pas aller à la cave.

Ne rongez pas vos ongles.

Ne monte pas sur les arbres; ne détruis pas
les nids.

L'humble violette est cachée par le gazon,
elle ne se trahit que par son parfum.

MOTS RÉCAPITULATIFS.

guignon il jongle scorpion esturgeon

exagérons thème acquittez dragon narguons contes marquons limaçon les pompiers distraction expulsion squelette défunt prolongiez kiosque trivial alcyon les griefs la montée à jeun division permission frisson profond l'hameçon.

REMARQUES ORTHOGRAPHIQUES.

omb, omp. On écrit *on* par *om* devant *b* ou *p* : *ombre, comparatif*.

jon, geon, jonc. Au commencement des mots, on écrit *jon* : *joncher*. A la fin des mots, on écrit *geon* : *le plongeon*. *ionc* s'écrit toujours par *j* : *subjonctif*.

çon, isson. A la fin des mots, on écrit *çon, maçon* ; après *i*, on écrit *sson* : *buisson*.

tion. La syllabe prononcée *cion*, à la fin des mots, s'écrit par *tion* : *nation, portion*.

MODÈLE D'ÉCRITURE.

Les queues dépassent la lettre d'une longueur et demie ;

t   et   *p*   dépassent la lettre d'une demi-longueur par le haut.

PREMIER GROUPE.

i u t î m n p û r   v z

i u t î m n p û r ou *z v z*

DEUXIÈME GROUPE.

c o a q ô d x s â

c o a q ô d x s â

RÉCAPITULATION.

a c d i m n o p q r s t u v x z

SIXIÈME LEÇON.

a n

an a le son nasal, lorsque les deux lettres qui composent ce groupe font partie de la même syllabe.

Faire passer devant *an* toutes les consonnes simples et doubles, de manière à former les syllabes élémentaires ci-dessous.

b c ç d f g j l m p r s

t v x z — bl cl fl gl pl

tl br cr dr fr gr pr tr vr

ch gn

GROUPES ÉLÉMENTAIRES.

Se conformer aux recòmmandations de la note générale placée à la deuxième leçon, p. 6.

ban   can   çan   dan   fan   gan

jan   lan   man   nan   pan   ran

san   tan   van   zan   ian   blan

clan   flan   glan   plan   bran cran

dran   fran   gran   pran   tran

vran   sanc

chan   gnan   scan   stan   stran

EXERCICE PRATIQUE.

N'interroger sur l'orthographe des mots des exercices en *an, en,* qu'après les avoir fait copier.

la branche le chandelier le chanvre le sanglier le manchon le banquier la frange la viande une échancrure le charlatan un étranger le fanfaron un églantier le transfuge un oranger le triangle la marchandise le brandon la répugnance la

cantinière le créancier la substance une
espérance une extravagance la man-
chette un écran le canton la rancune.

en

en se prononce comme *an*.

une enclume une entorse une enchère
la pente le centre — la tendresse fendre
vendre — le châtiment le jugement un
aliment.

am em devant b ou p

an, en, devant *b, p,* s'écrivent *am, em* (même règle que
pour *on*).

le chambellan le lampion la crampe le
pampre le champion — un emblème
il embrase il embrasse la contempla-
tion une emplette un empire un em-
plâtre.

Au commencement des mots, *en* devant *m* s'écrit *em* (et
se prononce toujours *an*).

emmener emmancher emmagasiner
emménager emmêler.

Rappelez aux élèves que lorsque deux consonnes qui ne forment pas, comme *bl*, *cl*, *fr*, *ch*, etc., un groupe inséparable, viennent après une syllabe nasale, la première de ces consonnes fait syllabe avec le groupe nasal qui précède.

conscrit constitution jonction sanctifié transcription somptuosité.

Mais on sépare ainsi : chambre. (Voir le Livre du maître, p. 48.)

Apprendre aux élèves l'article *le*, *la*, *les*. (Voir le Livre du maître, pour les procédés à suivre, p. 53.)

LECTURE COURANTE.

Le rossignol chante. Le serpent siffle.

Celui qui volera quelque chose sera conduit en prison par les gendarmes.

Armand s'est brisé une dent, en cherchant à casser une grosse amande.

Ce petit garçon est tombé en arrière, en se balançant sur son siége.

On appelle églantier le rosier des champs.

Ne scandalise pas tes camarades, et n'afflige pas tes parents par ta paresse et ta dissipation.

MOTS RÉCAPITULATIFS.

changement spécialité espérance scandale
chambrée banquet extravagance emplette
emmener conscience l'habitant la hanche

tranchez mangeant les gants gagnant con-
fiante miel manuel truelle les reliefs
cuirassier exonération pression sanctifica-
tion mythologie kyrielle long.

REMARQUES ORTHOGRAPHIQUES.

ban, can, gan, par *an : banque, canton, ganse.*

blan, cran, chan, etc. Après les consonnes doubles *bl, cl,
pl, cr, fr, ch, gn,* etc., on écrit *an* par *a* (et non par *e*) : *le
plan, le chant, la planche, la répugnance.*

en initial. Au commencement des mots, on emploie *e* pour
former le groupe *en : entrer, enterrer,* etc.

endr. Devant *dr,* le groupe *en* s'écrit par *e : tendresse,
vendredi, pendre.*

ment. A la fin des mots, *ment* s'écrit par *e* et par *t : poli-
ment, le changement.*

issement s'écrit par *ss* (et non par *c*) : *embellissement.*

gen. Ce groupe s'écrit par *g e n : genre, gendre.*

amb, emb, amp, emp. Comme *on* devant *b* ou *p, an* et *en*
s'écrivent *am* et *em : chambre, emblème, champêtre, empêcher.*

MODÈLE D'ÉCRITURE.

Les queues dépassent les lettres d'une longueur et demie ;

t et *p* dépassent la lettre d'une demi-longueur par
le haut.

PREMIER GROUPE.

i u t î m n p û r   v z

DEUXIÈME GROUPE.

c   o   a   q   ô   d   x   s   â

c o a q ô d x s â

TROISIÈME GROUPE.

e   f   l   b   j   g   e   ê   y   è   h   k

e f l b j g e ê y è h k

RÉCAPITULATION (ORDRE ALPHABÉTIQUE).

a c d i m n o p q r s t u v x z

SEPTIÈME LEÇON.

in

in a le son nasal, lorsque les deux lettres *i n*, qui composent ce groupe, font partie de la même syllabe.

Faire passer devant *in* les consonnes simples ou doubles,

de manière à former les syllabes élémentaires ci-dessous.

b c d f g l m n p qu r s t v x z

bl cl fl gl pl tl br cr dr fr gr pr tr vr

ch gn

GROUPES ÉLÉMENTAIRES.

Se conformer aux recommandations générales de la note placée à la deuxième leçon, p. 6.

bin cin din fin gin lin

min nin pin rin sin tin

vin zin blin clin brin crin

frin grin prin trin chin juin

guin quin inc ins

EXERCICE PRATIQUE.

N'interroger sur l'orthographe des mots des exercices de cette leçon qu'après les avoir fait copier, ou avoir dit qu'ils s'écrivent par *i n*, ou *a i n*, ou *e i n*.

une in jus ti ce une in con ve nance une influ en ce une in qui é tu de in dis tinctement le bro de quin le scru tin le toc sin la rin çu re le prin ci pal le traversin la sincérité la redingote le casaquin la guinguette le gradin le picotin le plantin le lutrin le calepin une épingle le venin le chérubin le clavecin un échevin un escarpin juin.

im devant b ou p

in, devant *b* ou *p*, s'écrit *im* (même règle que pour *on*, *an*, *en*).

la timbale il regimbe la guimbarde la simplicité une impolitesse une impétuosité un impromptu.

ain ein

Avant *in*, *a* et *e* ne se prononcent pas ; ainsi *ain*, *ein*, se prononcent comme *in*.

le fusain le lendemain le levain le parrain le sacristain de l'étain la contrainte la crainte la plainte la feinte une étreinte la ceinture le peintre éteindre enfreindre atteindre une atteinte.

ien

A la fin des mots, *ien* se prononce *i in*.
Remarquer que *ien* (prononcé *iin*) s'écrit sans *t* à la fin.

La lettre *s*, signe du pluriel après *ien*, ne change rien à la prononciation de *ien*.

le bien le chien un rien le main tien le mé ca ni cien le ma gi cien les liens les mu si ciens.

Interroger sur l'orthographe de cette finale.

Rappelez aux élèves que lorsque deux consonnes qui ne forment pas, comme *bl, fr, pr*, etc., un groupe inséparable, viennent après une syllabe nasale, la première de ces consonnes fait syllabe avec le groupe nasal qui précède.

ins crit ins ti tu tion dis tinc te pré somp-tion ins tinc tif sanc ti fié somp tu o si té.

Mais on sépare ainsi : im pri mer. (Voir le Livre du maître, p. 48.)

Apprendre aux élèves ce que c'est qu'un *verbe*. (Voir le livre du maître, pour les procédés à suivre, p. 59.)

LECTURE COURANTE.

Apprendre aux élèves à reconnaître le *verbe* dans les premières phrases des lectures courantes qui suivent. (Voir le livre du maître.)

Le serin chante ; le petit chien jappe.

Ce matin, Julien n'a pas bien récité ses leçons ; sa maman lui fera manger du pain sec.

Crains les méchants ; recherche la société des bons.

Ce petit gamin très-taquin a été mordu par un gros chien qu'il a longtemps agacé.

Les passants ne sont pas émus de ses plaintes.

Mathurin est très-négligent ; il a perdu le ceinturon de sa tunique.

Tu diras chaque matin, dans tes prières, le Symbole des apôtres.

MOTS RÉCAPITULATIFS.

obligeance chien impression sympathie sanguin maroquin quinquet geôlier nageons répugnance syndic fin faim l'exaltation les cuisiniers compagnon arrogant clinquant feindre plaintif coke existence confiance bronze statuette estampe temps.

REMARQUES ORTHOGRAPHIQUES.

in initial. Au commencement des mots, *in* par *i n* : *interne, intrigue.*

quin. Ce groupe s'écrit par *qu i n* : *quinquet, coquin.*

ien final (prononcez *i in*) s'écrit *i e n* sans *t* : *rien, chien, comédien.*

icien final, par *c* : *musicien, académicien.*

imb, imp. Comme *on* et *an* devant *b* ou *p*, *in* s'écrit *im* : *imbu, pimpant.*

MODÈLE D'ÉCRITURE.

Les queues dépassent les lettres d'une longueur et demie ;

t et *p* dépassent la lettre d'une demi-longueur par le haut.

PREMIER GROUPE.

i u t î m n p û r v z

i u t î m n p û r ou z v z

DEUXIÈME GROUPE.

c o a q ô d x s â

c o a q ô d x s â

TROISIÈME GROUPE.

e f l b j g e ê y è h k

e f l b j g e ê y è h k

RÉCAPITULATION (ORDRE ALPHABÉTIQUE).

a c d i m n o p q r z s t u v x z

HUITIÈME LEÇON.

EXCEPTIONS AUX NASALES.

1° FINALES DES VERBES.

ent

Après *ils, elles, qui, se, s', ne, n', ent* se prononce comme
e muet.

ent èrent urent inrent assent issent ussent inssent

Prononcez :

e   ère   ure   inre   asse   isse   usse   inse

asent èsent isent usent

Prononcez :

ase   èse   ise   use

EXERCICE PRATIQUE.

ils man gent ils grim pent ils remu è-
rent elles aper çu rent ils con tin rent
qu'ils con tas sent qu'ils ren dis sent
qu'ils dus sent qu'ils par vins sent ils
s'amu sent ils ta mi sent ils li sent ils
ra sent.

Ces finales se prononcent aussi comme *e* muet, lorsque, à la place du *nom* qui précède le verbe, on peut mettre *ils* ou *elles*.

Les pigeons volent (ils volent). Les guêpes piquent (elles piquent). Les chats égratignent les chiens (ils les égratignent). Les élèves écrivent correctement (ils écrivent). Les perroquets parlent (ils parlent). Les merles sifflent (ils sifflent). Ces enfants écrivent bien (ils écrivent bien).

2° LE SON NASAL DISPARAÎT

Dans *an, en, ien, in, on, ion*, quand *n* est redoublé (*nn*) ; Dans *am, im, om*, quand *m* est redoublé (*mm*), et quand *m* est suivi de *n* (*mn*).

ann enn ienn inn onn ionn

Prononcez avec le son ouvert :

àne   ène   iène   ìne   òne   iòne

amm   imm   omm

Prononcez avec le son ouvert :

àme   ìme   òme

EXERCICE PRATIQUE.

la manne la garenne la julienne la patronne le conditionnel la flamme il amnistie la gomme la communion la somnolence la gardienne un ennemi cela fonctionne abondamment il innova innombrable inné immaculé immolé immuable une innocence une insomnie.

Après *i*, *m* et *n* ne se redoublent pas à la fin des mots.

la bobine la cuisine la marine la médecine la rime la cime le crime.

Dans les verbes, adjectifs ou noms dérivés de substantifs terminés par *on*, *n* se redouble.

son don ambition fusion façon bon canon

sonner donner ambitionner fusionner façonner bonne canonnade

emm

Si elle est précédée d'une consonne, la lettre *e*, suivie de *mm* ou de *mn*, se prononce *a*.

la femme décemment ardemment apparemment diligemment pertinemment éminemment fréquemment imprudemment précédemment confidemment incidemment indemnité.

Interroger sur les notions grammaticales enseignées dans les leçons précédentes.

LECTURE COURANTE.

L'élève répétera le verbe, en mettant *ils* ou *elles* devant. On lui fera ainsi comprendre mécaniquement la raison de la finale muette.

Les brebis bêlent (elles bêlent). Les pies jasent (elles.....). Les perroquets parlent (ils.....). Les petits chiens jappent. Les lions rugissent.

Les guêpes piquèrent Lucien à la figure.

Ces élèves apprirent et parvinrent à réciter très-convenablement l'évangile du dimanche ; ils furent récompensés.

Les écoliers sages ne passent pas le temps de l'étude à s'amuser; ils lisent en classe, et ne s'amusent que pendant la récréation.

Fussent-ils les premiers de la classe, les enfants qui ne sont pas obéissants ne méritent pas de récompense.

Étienne a l'ambition d'être fréquemment le

premier de sa division; il n'ambitionne rien de plus.

Ce que tu feras nonchalamment sera évidemment très-mal exécuté.

Les bons élèves finissent la page commencée.

MOTS RÉCAPITULATIFS.

qu'ils vinssent qu'elles reçussent kilogramme ils partirent ils rasent elles usent ils fixent elles taxent les dictées qu'ils emmenassent femme indépendamment prudemment sagement décidément éloquemment l'Olympe horizontal méthode essaim corps condition conditionnel.

REMARQUES ORTHOGRAPHIQUES.

onne, onnier, onnage, onnade, etc. Les noms et adjectifs formés de mots terminés par *on,* redoublent *n : bon, bonne; son, sonner, sonnette; canon, canonnade, canonner; compagnon, compagnonnage.*

ien, ienne. Les noms en *ien* redoublent *n* au féminin : *gardienne.*

comm, somm, conn. Dans ces groupes, *m* et *n* entre deux voyelles se redoublent : *commerce, sommet, connu.*

omme, amme. Dans ces groupes, à la fin des mots, *m* se redouble : *pomme, gamme.*

imm. Dans *im* (prononcez *ime*), au commencement des mots, *m* se redouble : *immoral.* — Rappelez qu'à la fin des mots on écrit *ime* (*estime*).

MODÈLE D'ÉCRITURE.

ALPHABET COMPLET ET ACCENTS.

a â b c d e é è ê f g

h i î j k l m n o ô p

q r s t u û v x y z

Quand l'élève sait former ses lettres, le maître les dicte dans un ordre arbitraire, sur le tableau d'abord, puis sur l'ardoise ou le papier rayé.

FIN DU PREMIER LIVRET (PREMIÈRE PARTIE).

CORBEIL. — Typographie et stéréotypie de CRÉTÉ.

www.ingramcontent.com/pod-product-compliance
Lightning Source LLC
Chambersburg PA
CBHW060743280326
41934CB00010B/2335

* 9 7 8 2 0 1 4 4 7 4 0 5 3 *